RUDOLF STEINER

DER WEIHNACHTSGEDANKE UND DAS GEHEIMNIS DES ICH

RUDOLF STEINER

Der Weihnachtsgedanke und das Geheimnis des Ich

Der Baum des Kreuzes und die Goldene Legende

Entstehung der Krippen- und Hirtenspiele

Ein Vortrag, gehalten in Berlin
am 19. Dezember 1915

1986

RUDOLF STEINER VERLAG
DORNACH/SCHWEIZ

Nach vom Vortragenden nicht durchgesehenen Nachschriften
herausgegeben von der Rudolf Steiner-Nachlaßverwaltung

Die Herausgabe besorgte Wolfram Groddeck

EINZELAUSGABE

1. Auflage Berlin 1916

2. Auflage Dornach 1935

3. Auflage Dornach 1969

4. Auflage Dornach 1977

5. Auflage Dornach 1986

Sonderdruck aus Bibliographie-Nr. 165
«Die geistige Vereinigung der Menschheit durch den Christus-Impuls»
Rudolf Steiner Gesamtausgabe, Dornach 1981

Einbandschrift von B. Marzahn

Printed in Switzerland by Zbinden Druck und Verlag AG, Basel

ISBN 3-7274-5121-1

Zu den Veröffentlichungen aus dem Vortragswerk von Rudolf Steiner

Die Grundlage der anthroposophisch orientierten Geisteswissenschaft bilden die von Rudolf Steiner (1861-1925) geschriebenen und veröffentlichten Werke. Daneben hielt er in den Jahren 1900 bis 1924 zahlreiche Vorträge und Kurse, sowohl öffentlich wie auch für die Mitglieder der Theosophischen, später Anthroposophischen Gesellschaft. Er selbst wollte ursprünglich, daß seine durchwegs frei gehaltenen Vorträge nicht schriftlich festgehalten würden, da sie als «mündliche, nicht zum Druck bestimmte Mitteilungen» gedacht waren. Nachdem aber zunehmend unvollständige und fehlerhafte Hörernachschriften angefertigt und verbreitet wurden, sah er sich veranlaßt, das Nachschreiben zu regeln. Mit dieser Aufgabe betraute er Marie Steiner-von Sivers. Ihr oblag die Bestimmung der Stenographierenden, die Verwaltung der Nachschriften und die für die Herausgabe notwendige Durchsicht der Texte. Da Rudolf Steiner aus Zeitmangel nur in ganz wenigen Fällen die Nachschriften selbst korrigieren konnte, muß gegenüber allen Vortragsveröffentlichungen sein Vorbehalt berücksichtigt werden: «Es wird eben nur hingenommen werden müssen, daß in den von mir nicht nachgesehenen Vorlagen sich Fehlerhaftes findet.»

Über das Verhältnis der Mitgliedervorträge, welche zunächst nur als interne Manuskriptdrucke zugänglich waren, zu seinen öffentlichen Schriften äußert sich Rudolf Steiner in seiner Selbstbiographie «Mein Lebensgang» (35. Kapitel). Der entsprechende Wortlaut ist am Schluß dieser Ausgabe wiedergegeben. Das dort Gesagte gilt gleichermaßen auch für die Kurse zu einzelnen Fachgebieten, welche sich an einen begrenzten, mit den Grundlagen der Geisteswissenschaft vertrauten Teilnehmerkreis richteten.

Nach dem Tode von Marie Steiner (1867-1948) wurde gemäß ihren Richtlinien mit der Herausgabe einer *Rudolf Steiner Gesamtausgabe* begonnen. Die vorliegende Einzelausgabe ist dem auf Seite 4 genannten Band der Gesamtausgabe entnommen.

DER WEIHNACHTSGEDANKE UND DAS GEHEIMNIS DES ICH
DER BAUM DES KREUZES UND DIE GOLDENE LEGENDE
ENTSTEHUNG DER KRIPPEN- UND HIRTENSPIELE

Berlin, 19. Dezember 1915

Wiederum wollen wir an diesem Tage mit besonders inniger Kraft unseres Herzens zunächst derjenigen gedenken, die draußen stehen auf jenen Feldern der Ereignisse und die heute hinleben müssen mit Seele und Leben für die großen Aufgaben der Zeit:

Geister Eurer Seelen, wirkende Wächter,
Eure Schwingen mögen bringen
Unserer Seelen bittende Liebe
Eurer Hut vertrauten Erdenmenschen,
Daß mit Eurer Macht geeint
Unsre Bitte helfend strahle
Den Seelen, die sie liebend sucht!

Und für diejenigen, die in dieser Zeit der schweren Menschenaufgaben schon durch die Pforte des Todes gegangen sind infolge dieser großen Anforderungen unserer Gegenwart, seien die Worte noch einmal in der folgenden Form gesagt:

Geister Eurer Seelen, wirkende Wächter,
Eure Schwingen mögen bringen
Unserer Seelen bittende Liebe
Eurer Hut vertrauten Sphärenmenschen,
Daß mit Eurer Macht geeint
Unsre Bitte helfend strahle
Den Seelen, die sie liebend sucht!

Und der Geist, den wir suchen durch unsere geistigen Bestrebungen, der Geist, der zu der Erde Heil, zu der Menschheit Freiheit und Fortschritt durch das Mysterium von Golgatha gegangen ist, der Geist, dessen wir insbesondere heute zu gedenken haben, Er sei mit Euch und Euren schweren Pflichten! –

Wir gedenken des aus den Tiefen der Geheimnisse der Erdenentwikkelung heraus tönenden Spruches:

> Offenbarung des Göttlichen in den Höhen des Seins,
> und Friede den Menschen auf Erden,
> die von einem guten Willen durchdrungen sind.

Und wir müssen insbesondere beim Herannahen der Weihenacht in diesem Jahr gedenken: Welche Empfindungen verbinden uns mit diesem Spruch und seinem tiefen Weltensinn? Jenem tiefen Weltensinn, den unzählige Menschen so empfinden, daß das Wort Friede durch ihn erklingt und tönt, das Wort Friede in einer Zeit, in welcher dieser Friede im weitesten Umkreis unser Erdensein meidet. Wie gedenken wir in dieser Zeit der Weihnachtsworte?

Doch ein Gedanke ist es, der uns vielleicht im Zusammenhang mit diesem durch die Welt tönenden Wahrspruche in dieser Gegenwart noch tiefer berühren muß sogar als in andern Zeiten. Ein Gedanke! Feindlich stehen sich die Völker gegenüber. Blut, viel Blut tränkt unsere Erde. Unzählige Tode haben wir um uns herum sehen müssen, fühlen müssen in dieser Zeit. Unendliches Leid webt um uns herum die Empfindungs- und Gefühlsatmosphäre. Haß und Abneigung durchschwirren den geistigen Raum und könnten leicht zeigen, wie ferne, ferne die Menschen in unserer Zeit noch sind von jener Liebe, von welcher verkünden wollte derjenige, dessen Geburt die Weihenacht feiert. Ein Gedanke aber tritt besonders hervor: Wir denken uns, wie Feind gegen Feind, Gegner gegen Gegner stehen kann, wie Menschen sich gegenseitig den Tod bringen können, und wie sie durch dieselbe Pforte des Todes gehen können mit dem Gedanken an den göttlichen Lichtführer, den Christus Jesus. Wir gedenken, wie über die Erde hin, über welche sich ausbreiten Krieg und Schmerzen und Uneinigkeit, einig sein können diejenigen, die sonst so uneinig sind, indem sie in ihrem tiefsten Herzen ihren Zusammenhang tragen mit dem, der in die Welt gegangen ist an jenem Tage, den wir in der Weihenacht festlich begehen. Wir denken, wie sich durch alle Feindschaft, durch alle Abneigung, durch allen Haß hindurch in den menschlichen Seelen allüberall eine Empfindung in diesen Zeiten drängen kann, drängen kann mitten aus Blut und Haß heraus:

der Gedanke des innigen Verbundenseins mit dem einen, mit dem, der damit die Herzen geeint hat durch etwas, das höher ist als alles das, was die Menschen jemals auf der Erde wird trennen können. Und so ist dies doch ein Gedanke von unendlicher Größe, ein Gedanke von unendlicher Tiefe der Empfindung, der Gedanke an den Christus Jesus, der die Menschen eint, wie uneinig sie auch sein mögen in allem, was die Welt angeht.

Wenn wir den Gedanken in dieser Art fassen, dann werden wir ihn um so tiefer fassen wollen gerade in unserer Gegenwart. Denn dann werden wir ahnen, wieviel mit diesem Gedanken zusammenhängt von dem, was groß und stark und gewaltig werden muß innerhalb der menschlichen Entwickelung, damit vieles in anderer Weise errungen werden kann von menschlichen Herzen, von menschlichen Seelen, was jetzt noch auf so blutige Weise errungen werden muß.

Daß Er uns stark mache, daß Er uns kräftige, daß Er uns lehre, über die Erde hin, wirklich zu empfinden im wahrsten Sinne des Wortes über alles Trennende hin den Weihenachts-Weihespruch: das ist das, was sich derjenige, der sich wirklich mit dem Christus Jesus verbunden fühlt, in der Weihenacht immer aufs neue geloben muß.

Es gibt innerhalb der Geschichte des Christentums eine Überlieferung, die wiederholt auftritt in den späteren Zeiten und ein Gebrauch war in gewissen christlichen Gegenden durch Jahrhunderte hindurch. In alten Zeiten schon wurden in verschiedensten Gegenden, zumeist von den christlichen Kirchen aus, Darstellungen des Weihenachtsgeheimnisses den Gläubigen geboten. Gerade in diesen ältesten Zeiten wurde die Darstellung des Weihnachtsgeheimnisses begonnen mit einem Vorlesen, ja zuzeiten sogar mit einem Darstellen der Schöpfungsgeschichte, der Geschichte der Schöpfung, wie sie im Beginn der Bibel dargestellt wird. Es wurde zuerst dargestellt, gerade um die Weihnachtszeit, wie aus den Tiefen des Weltenalls heraus das Weltenwort ertönt ist, wie aus dem Weltenwort heraus nach und nach die Schöpfung entstand, wie Luzifer an den Menschen herangetreten ist, wie die Menschen dadurch auf eine andere Weise das Erdendasein begonnen haben, als das Dasein gewesen wäre, das ihnen ursprünglich vor dem Herantreten Luzifers bestimmt war. Es wurde die ganze Versuchungsgeschichte von Adam und Eva vorgeführt und dann gezeigt, wie gleichsam der alten vortestamentlichen Geschichte der Mensch einverleibt worden ist. Dann wurde erst im weiteren Verlauf hinzugesetzt, was mehr oder weniger ausführlich in Spielen dargestellt worden ist, die sich dann im 15., 16., 17., 18. Jahrhundert in mitteleuropäischen Gegenden zu solchen Spielen entwickelt haben, wie wir ein kleines davon jetzt eben gesehen haben.

Von dem, was aus einem unendlich großen Gedanken heraus am Weihnachts-Weihefest den Anfang des Alten Testamentes zusammengeschlossen hat mit der geheimnisvollen Geschichte des Mysteriums von Golgatha, was aus diesem Gedanken heraus die beiden heiligen Geschichten zusammengeschlossen hat, von dem ist nur wenig noch geblieben, nur sozusagen das eine in der Gegenwart, daß in unserem Kalender vor dem Eintritt des Weihnachtstages der Tag von Adam und Eva steht. Das hat in demselben Gedanken seinen Ursprung. Aber in älteren Zeiten wurde auch für die, welche aus tieferen Gedanken, aus tieferen Empfindungen oder einer tieferen Erkenntnis heraus durch diejenigen, die ihre Lehrer waren, das Weihnachtsgeheimnis und das Geheimnis von Golgatha erfassen sollten, es wurde für die immer wiederum dargestellt ein großer, ein umfassender symbolischer Gedanke: der Gedanke von dem Ursprung des Kreuzes. Der Gott, der den Menschen im Alten Testament vorgeführt wird, gibt den Menschen, die durch Adam und Eva repräsentiert sind, das Gebot: Essen dürfen sie von allen Früchten des Gartens, nur nicht von den Früchten, die am Baume der Erkenntnis des Guten und Bösen wachsen. Weil sie davon gegessen haben, wurden sie aus dem ursprünglichen Schauplatz ihres Seins vertrieben.

Der Baum aber – das wurde nun in der verschiedensten Weise dargestellt – kam auf irgendeine Art in die Geschlechterreihe, welche dann die ursprünglichen Geschlechter waren, aus denen auch die körperliche Hülle des Christus Jesus hervorgegangen ist. Und er kam so hin, daß – so wurde es in gewissen Zeiten dargestellt –, als Adam, der sündige Mensch, begraben worden ist, dieser Baum wiederum aus seinem Grabe herauswuchs, der aus dem Paradiese entfernt worden war. So sehen wir den Gedanken angeregt: Adam ruht im Grabe, er, der Mensch, der durch die Sünde gegangen ist, er, der Mensch, der durch Luzifer verführt worden ist, ruht im Grabe, er hat sich mit dem Erdenleibe vereinigt. Aber aus seinem Grabe ersprießt der Baum – der Baum, der jetzt herauswachsen kann aus der Erde, mit der Adams Leib vereinigt worden ist. Das Holz dieses Baumes geht weiter über auf die Geschlechter, zu denen auch Abraham gehört, zu denen David gehört. Und aus dem Holz dieses Baumes, der also im Paradiese gestanden hat, der wieder herausgewachsen ist aus Adams Grab, aus dem Holze dieses Baumes wurde das Kreuz gemacht, an dem der Christus Jesus gehangen hat.

Das ist der Gedanke, der immer wieder denen, die aus tieferen Grundlagen heraus die Geheimnisse des Mysteriums von Golgatha verstehen sollten, von ihren Lehrern klargemacht wurde. Es hat einen tiefen Sinn, daß in älteren Zeiten – und der Sinn wird es uns gleich zeigen, daß es auch für die Gegenwart noch gut ist – in solchen Bildern tiefe Gedanken zum Ausdruck kamen.

Wir haben uns bekanntgemacht mit jenem Gedanken des Mysteriums von Golgatha, der uns sagt: Das Wesen, das durch den Leib des Jesus gegangen ist, das hat, was es der Erde bringen kann, über die Erde ausgegossen, in die Erdenaura ergossen. Was der Christus in die Erde gebracht hat, ist seither mit der ganzen Leiblichkeit der Erde verbunden. Die Erde ist etwas anderes geworden seit dem Mysterium von Golgatha. In der Erdenaura lebt das, was der Christus aus himmlischen Höhen auf die Erde heruntergebracht hat. Wenn wir im Zusammenhang damit jenes alte Bild von dem Baume ins geistige Auge fassen, so zeigt uns dieses Bild den ganzen Zusammenhang von einem höheren Gesichtspunkt aus: In den Menschen ist das luziferische Prinzip eingezogen, als der Mensch seinen Erdenanfang genommen hat. Der Mensch, so wie er nun ist, in seiner Vereinigung mit dem luziferischen Prinzip, gehört zu der Erde hinzu, er bildet einen Teil der Erde. Und wenn wir seinen Leib in die Erde hineinlegen, so ist dieser Leib nicht bloß das, als was ihn die Anatomie sieht, sondern dieser Leib ist zu gleicher Zeit die äußere Abformung dessen, was innerhalb des Irdischen der Mensch auch in seiner Innenheit ist. Uns kann es aus der geistigen Wissenschaft heraus klar sein, daß nicht nur das zu des Menschen Wesenheit gehört, was durch die Pforte des Todes in die geistigen Welten eingeht, sondern daß der Mensch durch sein ganzes Wirken, durch seine ganzen Taten mit der Erde verbunden ist; wirklich gerade so verbunden ist, wie jene Geschehnisse mit der Erde verbunden sind, die der Geologe, der Mineraloge, der Zoologe und so weiter als zusammenhängend mit der Erde findet. Wenn der Mensch durch die Pforte des Todes geht, so ist ja nur für die menschliche Individualität zunächst abgeschlossen, was ihn an die Erde bindet. Aber unsere äußere Form, wir übergeben sie in irgendeiner Art der Erde, sie geht in den Erdenleib ein. Sie trägt in sich die Ausprägung dessen, was die Erde dadurch geworden ist, daß Luzifer in die Erdenentwickelung eingetreten ist. Was der Mensch auf der Erde leistet, trägt das luziferische Prinzip in sich, der Mensch bringt dieses luziferische Prinzip in die Erdenaura hinein. Aus des Menschen Taten, aus des Menschen Wirksamkeiten entspringt, erblüht nicht nur das, was ursprünglich mit dem Menschen beabsichtigt war, aus des Menschen Taten entspringt das, was dem Luziferischen beigemischt ist. Das ist in der Erdenaura. Und wenn wir nun auf dem Grabe des von Luzifer verführten Menschen Adam den Baum sehen, der durch die luziferische Verführung etwas anderes geworden ist, als er ursprünglich war, den Baum der Erkenntnis des Guten und des Bösen, so sehen wir alles das, was der Mensch dadurch bewirkt hat, daß er den ursprünglichen Stand verlassen hat, daß er durch die luziferische Verführung ein anderer geworden ist und dadurch etwas ihm vorher Nichtbestimmtes in die Erdenevolution hereingebracht hat.

Wir sehen den Baum herauswachsen aus dem, was der physische Leib für die Erde ist, was in seiner Erdenform abgeprägt worden ist, was den Menschen auf der Erde in einer niedrigeren Sphäre erscheinen läßt, als er geworden wäre, wenn er nicht durch die luziferische Verführung hindurchgegangen wäre. Es wächst aus des Menschen ganzem Erdendasein etwas heraus, was durch die luziferische Verführung, Versuchung in die Menschheitsentwickelung hineingekommen ist. Indem wir die Erkenntnis suchen, suchen wir sie auf eine andere Art, als es uns ursprünglich vorbestimmt war. Das aber läßt erscheinen, daß das, was aus unseren Erdentaten herauswächst, anders ist, als es nach der Götter ursprünglichem Ratschluß sein könnte. Wir formen ein Erdendasein, das nicht so ist, wie es nach der Götter ursprünglichem Ratschluß für uns bestimmt war. Wir mischen dem ein anderes bei, von dem wir uns ganz bestimmte Vorstellungen machen müssen, wenn wir es richtig verstehen wollen. Wir müssen uns sagen: Ich bin hereingesetzt in die Erdenentwickelung. Was ich der Erdenentwickelung durch meine Taten gebe, das trägt Früchte. Das trägt Früchte der Erkenntnis, die mir dadurch geworden ist, daß mir die Erkenntnis des Guten und des Bösen auf der Erde zuteil geworden ist. Diese Erkenntnis lebt in der Entwickelung der Erde, diese Erkenntnis ist da. Aber indem ich diese Erkenntnis anschaue, wird sie mir zu etwas, was anders ist, als es hätte ursprünglich sein sollen. Sie wird mir zu etwas, was ich anders machen muß, wenn der Erde Ziel und der Erde Aufgabe erreicht werden soll. Ich sehe aus meinen Erdentaten etwas hervorwachsen, was anders werden muß. Es wächst der Baum hervor, der das Kreuz des Erdendaseins wird, der Baum, der da dasjenige wird, zu dem der Mensch ein neues Verhältnis gewinnen muß – denn das alte Verhältnis läßt eben diesen Baum erwachsen. Der Baum des Kreuzes, jenes Kreuzes, das erwächst aus der luziferisch tingierten Erdenentwickelung, er wächst heraus aus Adams Grab, aus derjenigen Menschlichkeit, die Adam nach der Versuchung geworden ist. Der Baum der Erkenntnis muß zum Kreuzesstamm werden, weil mit dem richtig erkannten Baum der Erkenntnis, so wie er jetzt ist, der Mensch sich aufs neue verbinden muß, um der Erde Ziel und der Erde Aufgabe zu erreichen.

Fragen wir uns – und hier berühren wir ein bedeutsames Geheimnis der geistigen Wissenschaft –: Wie steht es denn eigentlich mit diesen Gliedern, die wir als die Glieder der menschlichen Natur kennengelernt haben? Nun, wir kennen als das zunächst höchste Glied der menschlichen Natur unser Ich. Wir lernen unser Ich aussprechen zu einer gewissen Zeit unseres Kindesalters. Wir gewinnen ein Verhältnis zu diesem Ich von der Zeit an bis zu der wir uns in späteren Jahren zurückerinnern. Wir wissen es aus den verschiedensten geisteswissenschaftlichen Betrachtungen: bis zu dem Zeitpunkt hat das Ich selber formend und gestaltend an uns gewirkt, bis zu dem Moment, da wir ein bewußtes Verhältnis zu unserem Ich haben. Beim Kind ist dieses Ich auch da, aber es wirkt in uns, es bildet in uns erst den Leib aus.

Zunächst schafft es die übersinnlichen Kräfte in der geistigen Welt. Wenn wir durch die Empfängnis und die Geburt gegangen sind, schafft es sogar noch einige Zeit, die Jahre dauert, an unserem Leibe, bis wir unseren Leib als Werkzeug so haben, daß wir uns bewußt als ein Ich erfassen können. Es ist ein tiefes Geheimnis mit diesem Hineintreten des Ich in die menschliche Leibesnatur verbunden. Wir fragen den Menschen, wenn er uns entgegentritt: Wie alt bist du? – Er gibt uns als sein Alter an die Jahre, die verflossen sind seit seiner Geburt. Wie gesagt, wir berühren hier ein gewisses Geheimnis der Geisteswissenschaft, das uns im Laufe der nächsten Zeit immer klarer werden wird, das ich aber heute nur erwähnen will, gleichsam mitteilen will. Was uns der Mensch also als sein Alter angibt zu einer bestimmten Zeit seines Lebens, das bezieht sich auf seinen physischen Leib. Er sagt uns nichts anderes als: sein physischer Leib ist so und so lange in der Entwickelung gewesen seit seiner Geburt. Das Ich macht diese Entwickelung dieses physischen Leibes nicht mit. Das Ich bleibt stehen.

Und das ist das schwer zu fassende Geheimnis, daß das Ich eigentlich in dem Zeitpunkte, bis zu dem wir uns zurückerinnern, stehenbleibt. Es wird nicht mit dem Leibe geändert, es bleibt stehen. Gerade dadurch haben wir es immer vor uns, daß es uns, indem wir hinschauen, unsere Erlebnisse entgegenspiegelt. Das Ich macht unsere Erdenwanderung nicht mit. Erst wenn wir durch die Pforte des Todes gegangen sind, müssen wir den Weg, den wir Kamaloka nennen, wiederum zurück machen bis zu unserer Geburt, um unser Ich wieder anzutreffen, und es dann auf unserer weiteren Wanderung mitzunehmen. Der Körper schiebt sich in den Jahren vor – das Ich bleibt zurück, das Ich bleibt stehen. Schwierig zu begreifen ist es aus dem Grunde, weil man sich nicht vorstellen kann, daß in der Zeit etwas stehenbleibt, während die Zeit weiterrückt. Aber es ist doch so. Das Ich bleibt stehen, und zwar bleibt es aus dem Grunde stehen, weil dieses Ich eigentlich sich nicht verbindet mit dem, was vom Erdendasein an den Menschen herankommt, sondern weil es verbunden bleibt mit denjenigen Kräften, die wir in der geistigen Welt die unsrigen nennen. Das Ich bleibt da, das Ich bleibt im Grunde in der Form, wie es uns verliehen ist, wie wir wissen, von den Geistern der Form. Dieses Ich wird in der geistigen

Welt gehalten. Es muß in der geistigen Welt gehalten werden, sonst könnten wir niemals als Menschen während unserer Erdenentwickelung der Erde ursprüngliche Aufgabe und ursprüngliches Ziel wieder erreichen. Was der Mensch hier auf der Erde durch seine Adamsnatur durchgemacht hat, wovon er eine Abprägung in das Grab trägt, wenn er als Adam stirbt, das ist haftend am physischen Leibe, Ätherleib und Astralleib, kommt von diesem. Das Ich wartet, wartet mit alledem, was in ihm ist, die ganze Zeit, die der Mensch auf der Erde durchmacht, sieht nur hin auf die weitere Entwickelung des Menschen – wie der Mensch es sich wieder holt, wenn er durch die Pforte des Todes gegangen ist, indem er den Weg zurück macht. Das heißt, wir bleiben – in einem gewissen Sinne ist das gemeint – mit unserem Ich gewissermaßen in der geistigen Welt zurück. Dessen soll sich die Menschheit bewußt werden. Und sie konnte sich dessen nur dadurch bewußt werden, daß in einer gewissen Zeit aus jenen Welten, denen der Mensch angehört, aus den geistigen Welten, der Christus herunterkam und sich in dem Leibe des Jesus vorbereitete, in der Weise, wie wir es wissen – doppelt –, das, was als Leib ihm auf der Erde dienen sollte.

Wenn wir uns recht verstehen, so schauen wir durch unser ganzes Erdenleben hindurch immer auf unsere Kindheit hin. Da in unserer Kindheit ist zurückgeblieben das, was gerade unser Geistiges ist. Wir schauen immer darauf hin, wenn wir die Sache richtig verstehen. Und dazu sollte die Menschheit erzogen werden, hinzusehen auf das, zu dem der Geist aus den Höhen sagen kann: «Lasset die Kindlein zu mir kommen!», nicht den Menschen, der mit der Erde verbunden ist, sondern die Kindlein. Dazu sollte die Menschheit erzogen werden, indem ihr das Fest der Weihenacht gegeben worden ist, indem es hinzugefügt worden ist zu dem Mysterium von Golgatha, das sonst nur der Menschheit verliehen zu werden brauchte in bezug auf die drei letzten Jahre des Christus-Lebens, da der Christus in dem Leibe des Jesus von Nazareth war. Dieses Fest zeigt, wie der Christus sich den menschlichen Leib in der Kindheit vorbereitet hat. Das ist das, was der Weihnachtsempfindung zugrunde liegen soll: zu wissen, wie der Mensch eigentlich immer verbunden geblieben ist durch das, was in seinem Wachstum zurückbleibt, was in himmlischen Höhen bleibt, mit dem, was nun hereinkommt. In der Kindesgestalt soll der Mensch an das Menschlich-Göttliche, von dem er sich entfernt hat, indem er auf die Erde hinabstieg, das aber wiederum zu ihm gekommen ist, an dieses Kindhafte in ihm sollte der Mensch erinnert werden. An denjenigen sollte er erinnert werden, der ihm das Kindhafte wiedergebracht hat. Es war nicht gerade leicht, aber gerade an der Art und Weise, wie sich dieses Weltenkindesfest, das Weihnachtsfest, in die mitteleuropäischen Gegenden hereinentwickelt hat, gerade daran sieht man die wunderbar wirkende, tragende Kraft.

Was wir heute gesehen haben, war nur ein kleines der vielen Weihnachtsspiele. Es ist aus den alten Zeiten, von der Art des Weihnachtsspieles, die ich ein wenig angedeutet habe, noch zurückgeblieben eine Anzahl der sogenannten Paradeisspiele, die man auch zu Weihnachten aufführte, wo wirklich die Schöpfungsgeschichte aufgeführt worden ist. Es ist zurückgeblieben dann die Verbindung mit dem Hirtenspiel, mit dem Spiel der drei Könige, die ihre Geschenke darbringen. Vieles, vieles von dem lebte in zahlreichen Spielen. Sie sind jetzt zum größten Teil verschwunden.

In der Mitte des 18. Jahrhunderts etwa beginnt die Zeit, wo sie in Bauerngegenden verschwinden. Aber wunderbar ist es zu sehen, wie sie gelebt haben. Jener *Karl Julius Schröer,* von dem ich Ihnen schon öfters erzählt habe, hatte in westungarischen Gegenden in den fünfziger Jahren des vorigen Jahrhunderts solche Weihnachtsspiele gesammelt, in der Preßburger Gegend herum, und weiter von Preßburg nach Ungarn herunter. Andere haben in andern Gegenden solche Weihnachtsspiele gesammelt, aber das, was dazumal Karl Julius Schröer auffinden konnte von den mit der Aufführung dieser Weihnachtsspiele verbundenen Gebräuchen, kann uns ganz besonders tief zu Herzen gehen. Diese Weihnachtsspiele, sie waren da, handschriftlich, in gewissen Familien des Dorfes und wurden als etwas ganz besonders Heiliges gehalten. Aufgeführt wurden sie in der Weise, daß man so eigentlich, wenn der Oktober herankam, schon daran dachte, man müsse diese Spiele zur Weihnachtszeit vor den Bauern des Ortes aufführen. Dann wurden die bravsten Burschen und Mädchen ausgesucht, und die hörten auf in dieser Zeit, in der sie begannen sich vorzubereiten, Wein zu trinken, Alkoholisches zu trinken. Sie durften, was ja sonst in solchen Orten getan werden darf, nicht mehr raufen am Sonntag, sie durften nicht mehr andere Ausschreitungen begehen. Sie mußten wirklich, wie man sagte, «ein heiliges Leben führen». Und so hatte man das Bewußtsein, daß eine gewisse moralische Stimmung der Seele dazugehörte bei denen, die sich in der Weihnachtszeit der Aufführung solcher Spiele widmen sollten. Nicht aus dem ganz gewöhnlichen Weltlichen heraus sollten solche Spiele aufgeführt werden.

Dann wurden sie aufgeführt mit aller Naivität, mit der Bauern so etwas aufführen können, aber es herrschte in der ganzen Aufführung tiefster Ernst, unendlicher Ernst. Den Spielen, die dazumal Karl Julius Schröer, früher *Weinhold* und andere dann in den verschiedensten Gegenden gesammelt haben, ist überall dieser tiefe Ernst eigen, mit dem man sich dem Weihnachtsgeheimnis nahte. Aber das war nicht immer so. Und wir brauchen gar nicht weiter zurückzugehen als ein paar Jahrhunderte, da finden wir das anders, und da tritt uns etwas höchst Eigentümliches entgegen. Gerade die Art und Weise, wie sich diese Weihnachtsspiele namentlich in mitteleuropäischen Gegenden eingebürgert haben, wie sie entstanden und allmählich geworden sind, das zeigt uns, wie überwältigend gewirkt hat der Weihnachtsgedanke. Er wurde nicht etwa gleich so aufgenommen, wie ich es jetzt geschildert habe: daß man mit heiliger Scheu, mit großem Ernst, mit einem Bewußtsein von der Bedeutung des Ereignisses, das in der Empfindung lebte, sich dem genaht hätte. O nein! In vielen Gegenden hat das zum Beispiel so begonnen, daß man eine Krippe aufgestellt hat vor irgendeinem Seitenaltar dieser oder jener Kirche – das war noch im 14., 15. Jahrhundert, aber es geht auch schon in frühere Zeiten zurück; man stellte eine Krippe auf, das heißt also einen Stall, darin Ochs und Eselein und das Kindlein und zwei Puppen, die Joseph und Maria darstellten. So wurde zuerst mit naiver Plastik das getrieben. Dann wollte man mehr Leben hineinbringen, aber zunächst von der Geistlichkeit aus. Es zogen sich Priester an, der eine als Joseph, der andere als Maria, und die stellten das dar – statt der Puppen spielten sie das. In der ersten Zeit stellten sie die Sache sogar in der lateinischen Sprache dar, denn man hielt in der alten Kirche sehr viel darauf, da man, wie es scheint, einen sehr tiefen Sinn darin sah, daß diejenigen, die zuschauten oder zuhörten, möglichst gar nichts von der Sache verstanden, sondern nur die äußere Mimik sahen. Aber das ließen diese sich nicht mehr gefallen: sie wollten auch etwas verstehen von demjenigen, was ihnen da vorgeführt wurde. Und da ging man denn allmählich dazu über, einige Teile daraus in die entsprechende Sprache zu gießen, die gerade in den Gegenden gesprochen worden war. Doch endlich erwachte das Gefühl bei den Leuten, mitzumachen, das selbst zu erleben. Aber fremd war es ihnen, recht fremd war ihnen die Sache doch noch. Man muß nur bedenken, daß etwa noch im 12., 13. Jahrhundert jene Vertrautheit mit den heiligen Geheimnissen, zum Beispiel der Weihenacht, nicht da war, die wir heute als etwas Selbstverständliches glauben. Man muß bedenken, daß die Leute jahraus, jahrein die Messe hörten, zu Weihnacht auch die Messe, die um zwölf Uhr Mitternacht noch gehalten worden ist, aber daß sie nicht die Bibel vernahmen – die war nur für die Priester zum Lesen da –, daß sie nur einzelne Brocken von der heiligen Geschichte kannten. Und es war wirklich zugleich, um sie bekanntzumachen mit dem, was einst vorgegangen war, daß man es ihnen in dieser Weise zunächst dramatisch durch die Priester vorführte. Sie lernten es erst auf diese Weise kennen.

Nun muß man etwas sagen, wovon man recht sehr bitten muß, es nicht mißzuverstehen. Aber es kann dargestellt werden, weil es der reinen geschichtlichen Wahrheit entspricht. Nicht daß etwa gleich aus irgendeiner Mysterienstimmung oder dergleichen der Anteil an diesen Weihnachtsspielen hervorgegangen wäre, so war es nicht, sondern die Begierde, teilzunehmen an dem, was ihnen dargestellt worden ist, näher dabeizusein, mitzutun, zu handeln: das brachte das Volk heran an die Sache. Und man mußte ihnen endlich zugestehen, etwas mitzutun. Man mußte es dem Volke verständlicher machen. Mit diesem Verständlichermachen ging es Schritt für Schritt. Zum Beispiel davon verstanden die Leute zuerst gar nichts, daß da in einem Krippchen das Kindelein liege. Das hatten sie nie gesehen, ein Kindelein in einem Krippelein. Ja, früher, wo sie nichts verstehen durften, da haben sie das hingenommen. Aber jetzt, wo sie dabei sein wollten, sollte ihnen das ganz verständlich sein. Da wurde ihnen nur eine Wiege hingestellt. Und es begann der

Anteil der Leute dann, indem sie an der Wiege vorbeigingen, jeder trat da auf und wiegte ein Weilchen das Kindelein, und ähnliche Teilnahme entwickelte sich. Es gab sogar Gegenden, in denen die Sache so vor sich ging, daß man zunächst ganz ernst begann, und als das Kind da war, begannen alle einen ungeheuren Krakeel, und alle schrieen und deuteten mit Tanzen und Schreien ihre Freude an, die sie jetzt darüber empfanden, daß das Kindlein geboren ist. Es wurde durchaus in einer Stimmung aufgenommen, die hervorging aus der Sucht, sich zu bewegen, aus der Sucht, eine Geschichte zu erleben. Aber in der Geschichte steckte so Großes, so Gewaltiges, daß aus dieser ganz profanen Stimmung – es war anfangs eine profane Stimmung – sich nach und nach jene heilige Stimmung entwickelte, von der ich eben gesprochen habe. Die Sache selbst goß ihre Heiligkeit aus über eine Aufnahme, die durchaus anfangs nicht eine heilige genannt werden konnte. Gerade im Mittelalter mußte die heilige Weihnachtsgeschichte die Menschen erst erobern. Und sie eroberte sie bis zu dem Grade, daß sie, während sie ihre Spiele aufführten, in einer so intensiven Weise sich moralisch vorbereiten wollten.

Was eroberte denn da die menschlichen Empfindungen, die menschliche Seele? Der Hinblick auf das Kind, der Hinblick auf dasjenige, was im Menschen heilig bleibt, während seine übrigen drei Leiber sich mit dem Erdenwerden verbinden. Mochte selbst in gewissen Gegenden und in gewissen Zeiten die Geschichte von Bethlehem groteske Formen annehmen, es lag in der menschlichen Natur, diesen heiligen Hinblick auf die Kindesnatur zu entwickeln, der mit dem zusammenhängt, was gleich in die christliche Entwickelung von Anfang an eintrat: das Bewußtsein, wie das, was im Menschen stehenbleibt, wenn er seine Erdenentwickelung antritt, eine neue Verbindung eingehen muß mit dem, was sich mit dem Erdenmenschen verbunden hat. So daß er der Erde übergibt das Holz, aus dem das Kreuz werden muß, mit dem er eine neue Verbindung eingehen muß.

In den älteren Zeiten der mitteleuropäischen christlichen Entwickelung war eigentlich nur der Ostergedanke volkstümlich. Und erst in der Weise, wie ich es geschildert habe, ist der Weihnachtsgedanke allmählich hinzugekommen. Denn das, was im «Heliand» oder ähnlichen

Werken steht, das ist zwar von einzelnen gedichtet worden, aber durchaus nicht etwa volkstümlich geworden.

Das Volkstümliche der Weihenacht, das ist auf die Weise entstanden, die ich eben geschildert habe, und die in wirklich großartiger Weise zeigt, wie der Gedanke der Verbindung mit dem Kindlichen, dem reinen, echten Kindlichen, das in einer neuen Gestalt erschienen ist in dem Jesuskind, sich die Menschen erobert hat. Wenn wir diese Gewalt des Gedankens damit zusammenbringen, daß dieser Gedanke in den Seelen als der einzige zunächst in unserem Erdendasein leben kann, der alle Menschen eint, so ist sie der rechte Christ-Gedanke. Und so wird der Christ-Gedanke in uns groß, so wird der Christ-Gedanke zu dem, was allmählich in uns erstarken muß, wenn die Erdenweiterentwickelung in der richtigen Weise geschehen soll. Bedenken wir doch, wie weit der Mensch im gegenwärtigen Erdendasein noch entfernt ist von dem, was die Tiefen des Christus-Gedankens eigentlich in sich bergen.

In diesen Tagen – vielleicht werden Sie es gelesen haben – wird ein Buch herausgegeben von *Ernst Haeckel:* «Ewigkeit, Weltkriegsgedanken über Leben und Tod, Religion und Entwicklungslehre.» Ein Buch von Ernst Haeckel ist ganz gewiß ein Buch, das aus ernster Wahrheitsliebe hervorgegangen ist, ganz gewiß ein Buch, in dem ernsteste Wahrheit gesucht wird. Was das Buch bringen soll, von dem verlautet etwa das Folgende: Es soll darauf hinweisen, was jetzt auf der Erde vorgeht, wie die Völker miteinander im Kriege, wie sie miteinander im Hasse leben, wie unzählige Tode sich uns jeden Tag ergeben. Alle diese Gedanken, die sich dem Menschen so schmerzlich aufdrängen, erwähnt auch Ernst Haeckel, selbstverständlich immer mit dem Hintergrund, die Welt so zu betrachten, wie er sie sehen kann von seinem Standpunkte aus – wir haben oftmals davon gesprochen, denn man kann Haeckel, auch wenn man Geisteswissenschafter ist, als einen der größten Forscher anerkennen –, von jenem Standpunkte aus, der, wie wir wissen, auch zu anderem führen kann, der aber zu demjenigen führt, was man in den neueren Phasen der Haeckelschen Entwickelung beobachten kann. Nun macht sich Haeckel Weltkriegsgedanken. Auch er sagt sich, wieviel Blut jetzt fließt, wieviel Tode uns jetzt umgeben. Und er fragt sich: Können da die Gedanken der Religion bestehen daneben?

Kann man irgendwie glauben – so fragt Haeckel –, daß irgendeine weise Vorsehung, ein gütiger Gott, die Welt regiert, wenn man sieht, daß täglich durch bloßen Zufall, wie er sagt, so viele Menschen ihr Leben enden, hinsterben durch gar keine solche Ursache, die nachweisbar in irgendeinem Zusammenhang stehen könnte mit irgendeiner weisen Weltenregierung, sondern durch den Zufall, wie er sagt, daß einen diese oder jene Kugel trifft, daß einer sich diesen oder jenen Unfall zuzieht? Haben demgegenüber alle diese Weisheitsgedanken, diese Vorsehungsgedanken einen Sinn? Müssen nicht gerade solche Ereignisse, wie diese, beweisen, daß der Mensch dabei stehenbleiben muß, daß er eben nichts anderes ist als das, was uns die äußerliche, materialistisch gedachte Entwickelungsgeschichte zeigt, und daß im Grunde nicht eine weise Vorsehung, sondern der Zufall alles Erdensein regiert? Kann man demgegenüber einen andern religiösen Gedanken haben, meint Haeckel, als zu resignieren, sich zu sagen: Man gibt eben seinen Leib hin und geht auf in dem ganzen All? – Aber wenn dieses All, frägt man weiter – Haeckel stellt diese Frage nicht mehr –, nichts anderes ist als das Spiel der Atome, läuft wirklich dieses Leben des Menschen in einen Sinn des Erdendaseins aus? Wie gesagt, Haeckel stellt diese Frage nicht mehr, aber er gibt in seinem Weihnachtsbuch eben die Antwort: Gerade solche Ereignisse, wie sie uns jetzt so schmerzlich berühren, gerade solche Ereignisse zeigen, daß man kein Recht hat zu glauben, eine gütige Vorsehung oder weise Weltenregierung oder irgend etwas dergleichen durchwebe und durchlebe die Welt. Also Resignation, Sich-Hineinfinden darein, daß es einmal so ist!

Auch ein Weihnachtsbuch! Ein Weihnachtsbuch, das sehr aufrichtig und ehrlich gemeint ist. Aber dieses Buch wird auf einem bedeutsamen Vorurteil beruhen. Es wird auf dem Vorurteil beruhen, daß man nicht auf geistige Art nach einem Sinn der Erde suchen darf, daß es der Menschheit untersagt ist, auf geistige Art nach einem Sinn zu suchen! Wenn man nur den äußeren Verlauf der Ereignisse ansieht, so sieht man diesen Sinn nicht. Dann ist es so, wie Haeckel meint. Und bei dem, daß dieses Leben keinen Sinn hat, müsse es bleiben – so meint Haeckel. Es dürfe der Sinn nicht gesucht werden!

Wird nicht vielmehr der andere kommen und wird sagen: Wenn

wir unsere gegenwärtigen Ereignisse nur immer so äußerlich ansehen, wenn wir nur immer darauf hinweisen, daß unzählige Kugeln in der jetzigen Zeit die Menschen treffen, wir nur so hinsehen auf sie und sich kein Sinn ergibt, so zeigen sie uns gerade, daß wir diesen Sinn tiefer suchen müssen. Sie zeigen uns, daß wir nicht einfach in dem, was jetzt unmittelbar auf der Erde sich abspielt, den Sinn suchen dürfen und glauben, daß diese Menschenseelen vergehen mit dem Leiblichen, sondern daß wir suchen müssen, was sie nun beginnen, wenn sie durch die Pforte des Todes gehen. Kurz, es kann ein anderer kommen, der da sagt: Gerade weil sich im Äußeren kein Sinn findet, muß der Sinn außer dem Äußeren gesucht werden, muß der Sinn im Übersinnlichen gesucht werden.

Ist es damit viel anders als mit derselben Sache auf einem ganz andern Gebiet? Haeckels Wissenschaft kann demjenigen, der so denkt, wie Haeckel heute denkt, zu einer Ablehnung jedes Sinnes des Erdendaseins werden. Sie kann dazu werden, daß man aus dem, was heute so schmerzlich geschieht, beweisen will, daß das Erdenleben als solches keinen Sinn hat. Aber wenn man sie in unserer Art erfaßt – wir haben das öfter getan –, dann wird gerade dieselbe Wissenschaft der Ausgangspunkt, um zu zeigen, welch tiefer, großer Sinn in den Welten-erscheinungen von uns enträtselt werden kann. Aber dazu muß Geistiges in der Welt wirksam sein. Wir müssen uns mit Geistigem verbinden können. Weil die Menschen noch nicht verstehen, auf den Gebieten der Gelehrsamkeit jene Macht auf sich wirken zu lassen, die so wunderbar die Herzen, die Seelen erobert hat, daß aus einer geradezu profanen Auffassung eine heilige Auffassung entstand beim Hinschauen auf das Weihnachtsgeheimnis, weil die Gelehrten das noch nicht erfassen können, weil sie noch nicht den Christus-Impuls mit dem verbinden können, was sie in der äußeren Welt sehen, ist es ihnen unmöglich, für die Erde einen Sinn, einen wirklichen Sinn zu finden.

Und so muß man sagen: Die Wissenschaft mit allen ihren großen Fortschritten, auf welche die Menschen heute mit Recht so stolz sind, ist durch sich selber nicht in der Lage, zu einer den Menschen befriedigenden Anschauung zu führen. Sie kann, indem sie ihre Wege geht, in derselben Weise zur Sinnlosigkeit wie zum Erdensinn führen, ganz so wie auf einem andern Gebiet. Nehmen wir diese in den letzten Jahrhunderten, insbesondere im 19. Jahrhundert und bis heute so stolz entwickelte äußere Wissenschaft mit all ihren wunderbaren Gesetzen, nehmen wir all dasjenige, was uns heute umgibt: Es ist von dieser Wissenschaft hervorgebracht. Wir brennen nicht mehr in derselben Weise wie *Goethe* noch sein Nachtlicht, wir brennen Licht und erleuchten unsere Räume in ganz anderer Weise. Und nehmen wir das alles, was heute aus unserer Wissenschaft in unseren Seelen lebt: durch die großen Fortschritte der Wissenschaft, auf welche die Menschheit mit Recht stolz ist, ist es entstanden. Aber diese selbe Wissenschaft, wie waltet sie? Sie waltet segensreich, wenn der Mensch Segensreiches entwickelt. Aber heute erzeugt sie, gerade weil sie eine so vollkommene Wissenschaft ist, die unbezwinglichen Mordinstrumente. Ihr Fortschritt dient der Zerstörung ebenso wie dem Aufbau. Geradeso wie auf der einen Seite die Wissenschaft, zu der sich Haeckel bekennt, zu Sinn und Unsinn führen kann, so kann die Wissenschaft, die so Großes erreicht, dienen dem Aufbau, dienen der Zerstörung. Und wenn es nur auf diese Wissenschaft ankäme, sie würde aus denselben Quellen heraus, aus denen sie aufbaut, immer Furchtbareres und Furchtbareres an Zerstörungswerken hervorbringen. Sie hat in sich nicht unmittelbar einen Impuls, der die Menschheit vorwärtsbringt. O wenn man das nur einmal einsehen könnte, man würde diese Wissenschaft in der richtigen Weise erst dann abschätzen können. Man würde erst dann wissen, daß in der Menschheitsentwickelung noch etwas anderes sein muß als das, was der Mensch durch diese Wissenschaft erreichen konnte! Diese Wissenschaft – was ist sie? Sie ist in Wirklichkeit nichts anderes als der Baum, der aus dem Grabe Adams wächst, und die Zeit wird immer näherrücken, wo die Menschen erkennen werden, daß diese Wissenschaft der Baum ist, der aus dem Grabe Adams wächst. Und die Zeit wird heranrücken, wo die Menschen erkennen werden, daß dieser Baum zum Holze werden muß, der der Menschheit Kreuz ist, und der erst dann zum Segen führen kann, wenn das daran gekreuzigt wird, was sich in der richtigen Weise verbindet mit dem, was jenseits des Todes liegt, aber schon im Menschen hier lebt: das, zu dem wir hinschauen in der heiligen Weihenacht, wenn wir diese heilige Weihenacht in ihrem

Geheimnis in der richtigen Weise empfinden, das, was auf kindliche Weise dargestellt werden kann, was aber die höchsten Geheimnisse birgt. Ist es denn nicht eigentlich wunderbar, daß in einfachster Art dem Volke gesagt werden kann: Hinein kam das, was durch das Menschenleben auf der Erde waltet, das, was eigentlich nicht über die Kindheit hinausgehen darf! Verwandt ist es mit dem, zu dem der Mensch als einem Übersinnlichen gehört. Ist es nicht wunderbar, daß dieses im eminentesten Sinne Übersinnlich-Unsichtbare in so einfachem Bilde den Menschenseelen so nahe kommen konnte – den einfachen Menschenseelen?

Diejenigen, die gelehrt sind, werden auch noch erst den Weg machen müssen, den diese einfachen Menschenseelen gemacht haben. Es gab auch eine Zeit, wo man nicht das Kind in der Wiege, nicht das Kind in der Krippe darstellte, sondern wo man das Kind schlafend am Kreuz dargestellt hat. Das Kind schlafend am Kreuz! Ein wunderbar tiefes Bild, den ganzen Gedanken zum Ausdruck bringend, den ich heute vor Ihren Seelen habe erstehen lassen wollen.

Und ist dieser Gedanke nicht im Grunde genommen recht einfach zu sagen? Das ist er! Suchen wir einmal nach dem Ursprung derjenigen Impulse, die heute so furchtbar in der Welt sich gegenüberstehen! Wo urständen diese Impulse? Wo urständet alles das, was heute der Menschheit das Leben so schwer macht, wo urständet das? In alledem, was wir in der Welt erst von dem Zeitpunkte an werden, bis zu dem wir uns zurückerinnern können. Gehen wir hinter diesen Zeitpunkt zurück, gehen wir hin bis zu dem Zeitpunkte, da wir gerufen werden als die Kindlein, die in das Reich der Himmel eintreten können. Da urständet es, da liegt in den Menschenseelen nichts von dem, was heute in Streit und Hader ist. So einfach kann der Gedanke ausgesprochen werden. Aber geistig müssen wir heute darauf blicken, daß es in der menschlichen Seele solch ein Urständiges gibt, das dennoch über alles Menschenstreiten, über alle Menschendisharmonie hinausgeht.

Wir haben oft gesprochen von den alten Mysterien, die in der menschlichen Natur das erwecken wollten, was den Menschen in das Übersinnliche hinaufschauen läßt, und wir haben davon gesprochen, daß das Mysterium von Golgatha, für alle Menschen vernehmlich, das übersinnliche Geheimnis auf den Schauplatz der Geschichte gestellt hat. Im Grunde genommen ist das, was uns mit dem wirklichen Christus-Gedanken verbindet, in uns dadurch da, wirklich dadurch da, daß wir doch Augenblicke in unserem Leben haben können, im wahren Sinne jetzt, nicht im bildlichen Sinne, wo wir trotz alledem, was wir in der äußeren Welt sind, lebendig machen können – indem wir zurückgehen und uns zurückfühlen in den Kindesstandpunkt, indem wir hinschauen auf den Menschen, wie er sich entwickelt zwischen Geburt und Tod, indem wir das in uns empfinden können –, das, was wir da als Kind erhalten haben.

Ich habe letzten Donnerstag öffentlich vorgetragen über *Johann Gottlieb Fichte*. Ich hätte noch ein Wort sagen können – es hätte dazumal nicht voll verständlich werden können –, welches Aufklärung über vieles gibt, was gerade in dieser, in eigentümlicher Weise frommen Gestalt lebte. Ich hätte sagen dürfen, warum er eigentlich so ganz besonders geworden ist, wie er geworden ist, und ich hätte sagen müssen: Weil er, trotzdem er alt geworden ist, sich, mehr als andere Menschen, von der Kindlichkeit erhalten hat. Es ist mehr in solchen Menschen von der Kindlichkeit als in andern Menschen. Sie werden weniger alt, solche Menschen! Wirklich, von jenem in der Kindheit Vorhandenen bleibt mehr in solchen Menschen als bei andern Menschen. Und das ist überhaupt das Geheimnis vieler großer Menschen, daß sie bis ins späteste Alter in gewisser Weise Kinder bleiben können; noch wenn sie sterben, als Kinder sterben, natürlich nur teilgemäß ausgedrückt, da man ja mit dem Leben zusammen sein muß.

Zu dem in uns, was so als Kindlichkeit lebt, spricht das Weihnachtsmysterium, spricht der Hinblick auf das göttliche Kind, das ausersehen worden ist, den Christus aufzunehmen; zu dem wir hinblicken als zu dem, über dem schon der Christus schwebt, der in Wirklichkeit zu der Erde Heil durch das Mysterium von Golgatha gegangen ist.

Machen wir uns das nur bewußt: Wenn wir die Abprägung unseres höheren Menschen, wenn wir unseren physischen Leib der Erde übergeben, so ist das nicht ein bloß physischer Vorgang. Da geht auch etwas geistig vor. Aber dieses Geistige geht nur dadurch in der richtigen Weise vor, daß hineingeflossen ist in die Erdenaura die Christus-Wesenheit, die durch das Mysterium von Golgatha gegangen ist. Wir sehen dasjenige, was diese ganze Erde ist, nicht in ihrer Vollständigkeit, wenn wir nicht seit dem Mysterium von Golgatha verbunden mit der Erde den Christus sehen, jenen Christus, an dem wir vorbeigehen können wie an allem Übersinnlichen, wenn wir uns nur im materialistischen Sinne ausgerüstet fühlen; an dem wir aber nicht vorbeigehen können, wenn die Erde für uns einen wirklichen, einen wahren Sinn haben soll. Daher liegt alles daran, daß wir imstande sind, das in uns zu erwecken, was uns den Ausblick in die geistige Welt eröffnet.

Machen wir für uns die Weihnachtsfeier zu dem, was sie insbesondere für uns sein soll: zu einer Feier, die nicht bloß der Vergangenheit dient, zu einer Feier, die auch der Zukunft dienen soll, jener Zukunft, die da die Geburt des geistigen Lebens für die ganze Menschheit nach und nach bringen soll. Wir aber wollen uns verbinden mit der prophetischen Empfindung, mit dem prophetischen Vorgefühl, daß solches Geborenwerden des geistigen Lebens gebracht werden muß der Menschheit, daß hinwirken muß über die Menschheitszukunft eine große Weihenacht, ein Geborenwerden desjenigen, was in den Gedanken der Menschen der Erde Sinn gibt. Jenen Sinn, den objektiv die Erde dadurch erhalten hat, daß sich die Christus-Wesenheit mit der Erdenaura durch das Mysterium von Golgatha verbunden hat. Denken wir in der Weihenacht daran, wie aus der Tiefe der Finsternis heraus das Licht in die Menschenentwickelung einziehen muß, das Licht des geistigen Lebens. Vergehen mußte jenes alte Licht des geistigen Lebens, das vor dem Mysterium von Golgatha, nach und nach verglimmend, da war, und das wiedererstehen muß, wiedergeboren werden muß nach dem Mysterium von Golgatha durch das Bewußtsein in der Menschenseele: daß diese Menschenseele zusammenhängt mit dem, was der Christus der Erde durch das Mysterium von Golgatha geworden ist.

Wenn es immer mehr und mehr Menschen geben wird, die in einem solchen geisteswissenschaftlichen Sinne die Weihnacht aufzufassen wissen, dann wird diese Weihnacht eine Kraft in den Menschenherzen und Menschenseelen entwickeln, die ihren Sinn hat in allen Zeiten: in den Zeiten, in denen sich die Menschen den Glücksgefühlen, aber auch in den Zeiten, in denen sich die Menschen jenem Schmerzgefühl hingeben müssen, das uns heute durchdringen muß, wenn wir an das große Elend der Zeit denken.

Wie das Aufschauen zum Geistigen der Erde Sinn gibt, einer hat es mit schönen Worten ausgesprochen, die ich Ihnen heute noch vorbringen will:

Was meinem Auge diese Kraft gegeben,
Daß alle Mißgestalt ihm ist zerronnen,
Daß ihm die Nächte werden heitre Sonnen,
Unordnung Ordnung und Verwesung Leben?

Was durch der Zeit, des Raums verworrnes Weben,
Mich sicher leitet hin zum ewgen Bronnen
Des Schönen, Wahren, Guten und der Wonnen,
Und drin vernichtend eintaucht all mein Streben?

Das ist's: seit in Urania's Aug', die tiefe,
Sich selber klare, blaue, stille, reine
Lichtflamm', ich selber still hineingesehen;

Seitdem ruht dieses Aug' mir in der Tiefe
Und *ist* in meinem Sein, – das ewig Eine,
Lebt mir im Leben, *sieht* in meinem Sehen.

Und in einer zweiten kleinen Dichtung:

Nichts ist, denn Gott, und Gott ist nichts, denn Leben,
Du weißest, ich mit dir weiß im Verein;
Doch wie vermöchte Wissen dazusein,
Wenn es nicht Wissen wär' von Gottes Leben!

«Wie gern', ach! wollt' ich diesem hin mich geben,
Allein wo find ich's? Fließt es irgend ein
Ins Wissen, so verwandelt's sich in Schein,
Mit ihm vermischt, von seiner Hüll' umgeben.»

Gar klar die Hülle sich vor dir erhebet,
Dein Ich ist sie, es sterbe, was vernichtbar,
Und fortan lebt nur Gott in deinem Streben.

Durchschaue, was dies Streben überlebet,
So wird die Hülle dir als Hülle sichtbar,
Und unverschleiert siehst du göttlich Leben.

Allerdings, die Menschen wissen nicht immer, was sie gerade mit denjenigen machen sollen, die also sie hinweisen zum Schauen des Geistigen, das der Erde Sinn gibt. Nicht nur die Materialisten wissen das nicht. Die andern, die glauben, keine Materialisten zu sein, weil sie immer «Gott, Gott, Gott» oder «Herr, Herr, Herr» sagen, auch die wissen oftmals gerade aus diesen Führern zum Geistigen nicht das Rechte zu machen! Denn, was hätte man können machen mit einem Menschen, der da sagt: Nichts, ist, denn Gott! Alles ist Gott! Überall, überall ist Gott! – Der suchte Gott in allem, der da sagte:

Durchschaue, was dies Streben überlebet,
So wird die Hülle dir als Hülle sichtbar,
Und unverschleiert siehst du göttlich Leben!

Ihn, der überall göttlich Leben sehen will, ihn konnte man anklagen, daß er die Welt nicht zuläßt, daß er die Welt ableugnet – einen Weltleugner konnte man ihn nennen! Seine Zeitgenossen haben ihn einen Gottesleugner genannt und ihn deshalb von der Hochschule fortgejagt. Denn die Worte, die ich Ihnen vorgelesen habe, sind von Johann Gottlieb Fichte. Gerade er ist ein Beispiel dafür, wie – wenn es fortlebt in der menschlichen Seele durch das Erdensein hindurch, was in dem Mysterium von Golgatha, was aber im Zusammenhang mit diesem Mysterium von Golgatha im Weihnachtsgeheimnis als Impuls an Tönen der Seele angeschlagen werden kann – ein Weg damit eröffnet ist, auf dem wir jenes Bewußtsein finden können, in dem zusammenfließt unser eigenes Ich mit dem Erden-Ich, denn dieses Erden-Ich ist der Christus, durch das wir entwickeln etwas vom Menschen, das immer größer und größer werden muß, wenn die Erde jener Entwickelung entgegengehen soll, für die sie bestimmt war von Anbeginn.

So wollen wir insbesondere aus dem Geiste unserer Geist-Erkenntnis heraus in diesem auch heute wiederum dargelegten Sinne den Weihnachtsgedanken in uns zum Impuls werden lassen, wollen versuchen, dadurch, daß wir zu diesem Weihnachtsgedanken hinaufschauen, aus dem, was um uns herum vorgeht, nicht Unsinnigkeit der Erdenentwickelung zu schauen, sondern auch in Leid und Schmerz, auch in Streit und Haß etwas zu schauen, was zuletzt der Menschheit vorwärtshilft, die Menschheit wirklich auch um ein Stück vorwärtsbringt.

Wichtiger als nach den Ursachen zu suchen, die ohnedies aus dem Parteistreit heraus so leicht verdeckt werden können, wichtiger als nach den Ursachen zu suchen für das, was heute geschieht, ist es, nach den möglichen Wirkungen hinzurichten den Blick, nach jenen Wirkungen hin, die wir uns vorstellen müssen als heilsam, als heilbringend für die Menschheit.

Diejenige Nation, dasjenige Volk wird das Rechte treffen, welches in der Lage sein wird, aus dem, was aus dem blutgetränkten Boden heraus aufzusprießen vermag, der Zukunft ein der Menschheit Heilsames zu gestalten. Aber ein der Menschheit Heilsames wird nur entstehen, wenn die Menschen den Weg zu den geistigen Welten hin finden; wenn die Menschen nicht vergessen, daß es nicht nur eine zeitliche, daß es geben muß eine immer dauernde Weihenacht, ein immer dauerndes Geborenwerden des Göttlich-Geistigen in dem physischen Erdenmenschen.

Diese Heiligkeit des Gedankens wollen wir insbesondere heute in unsere Seele einschließen, wollen sie behalten über die Zeit, die sich um Weihnacht herum gruppiert, und die uns auch in ihrem äußeren Verlauf ein Symbolum sein kann für die Lichtentwickelung. Finsternis, Erdenfinsternis im höchsten Maße, wie sie hier auf der Erde sein kann, wird jetzt sein in diesen Tagen, in dieser Jahreszeit. Aber wenn die Erde in dieser tiefsten äußeren Finsternis lebt, wir wissen, die Erdseele erlebt ihr Licht, sie beginnt zu wachen im höchsten Maße.

An die Weihnachtszeit schließt sich die geistige Wachezeit an, und mit dieser geistigen Wachezeit sollte sich das Andenken an das geistige Erwachen durch den Christus Jesus für die Erdenentwickelung verbinden. Daher die Einsetzung des Weihenachts-Weihefestes gerade in dieser Zeit.

Wir wollen in diesem kosmischen und zugleich irdisch-moralischen Sinne den Weihnachtsgedanken mit unserer Seele verbinden und dann gestärkt, gekräftigt gerade mit diesem Weihegedanken, so wie wir es können, auf alles das hinschauen, das Rechte wünschend für den Fortgang der Ereignisse, aber auch für den Fortgang dessen das Richtige wünschend, was sich in den Taten der Gegenwart entwickelt.

Und indem wir das, was wir gerade aus diesem Weihnachtsfest an Stärkung in uns aufnehmen können, gleich beginnen in unseren Seelen rege zu machen, sehen wir nochmals hin zu den schützenden Geistern derjenigen, die auf schwerer Stätte draußen einzutreten haben für die großen Zeitereignisse:

Geister Eurer Seelen, wirkende Wächter,
Eure Schwingen mögen bringen
Unserer Seelen bittende Liebe
Eurer Hut vertrauten Erdenmenschen,
Daß mit Eurer Macht geeint
Unsre Bitte helfend strahle
Den Seelen, die sie liebend sucht!

Und für diejenigen, die in dieser Zeit der schweren Menschenaufgaben schon durch die Pforte des Todes gegangen sind infolge der großen Anforderungen unserer Gegenwart, seien die Worte noch einmal in der folgenden Form gesagt:

Geister Eurer Seelen, wirkende Wächter,
Eure Schwingen mögen bringen
Unserer Seelen bittende Liebe
Eurer Hut vertrauten Sphärenmenschen,
Daß mit Eurer Macht geeint
Unsre Bitte helfend strahle
Den Seelen, die sie liebend sucht!

Und der Geist, der durch das Mysterium von Golgatha gegangen ist, der Geist, der sich zu der Erde Heil und Fortschritt angekündigt hat in dem, was die Menschen immer mehr und mehr auch im Weihnachtsmysterium verstehen werden, Er sei mit Euch und Euren schweren Pflichten!

HINWEISE

Werke Rudolf Steiners innerhalb der Gesamtausgabe (GA) werden in den Hinweisen mit der Bibliographie-Nummer angegeben. Siehe auch die Übersicht am Schluß der Ausgabe.

zu Seite

7 Die einleitenden Gedenkworte sprach Rudolf Steiner während der Kriegsjahre vor jedem Vortrag in den vom Krieg betroffenen Ländern.

10 *zu solchen Spielen:* Siehe «Weihnachtspiele aus altem Volkstum – Die Oberuferer Spiele», Sonderdruck aus GA Bibl.-Nr. 43; ferner «Ansprachen zu den Weihnachtspielen aus altem Volkstum», GA Bibl.-Nr. 274.

10ff. *Zu der Legende vom Ursprung des Kreuzes:* Siehe Rudolf Steiner, «Bilder okkulter Siegel und Säulen. Der Münchner Kongreß Pfingsten 1907 und seine Auswirkungen», GA Bibl.-Nr. 284/285, 1977, S. 185 ff.: Sonderhinweis zur «Goldenen Legende» und zu den beiden Säulen sowie «Die Tempellegende und die Goldene Legende», GA Bibl.-Nr. 93, insbesondere den Vortrag vom 29. Mai 1905.

15 *in der Weise, wie wir es wissen:* Siehe Rudolf Steiner, «Die geistige Führung des Menschen und der Menschheit» (1911), GA Bibl.-Nr. 15.

«Lasset die Kindlein zu mir kommen»: Matth. 19, 14; Mark. 10, 14; Luk. 18, 16.

16 *Karl Julius Schröer,* 1825–1900, Germanist. Professor an der Technischen Hochschule in Wien, Lehrer und väterlicher Freund Rudolf Steiners. Siehe «Mein Lebensgang» (1923–25), GA Bibl.-Nr. 28; «Briefe» Band I, GA Bibl.-Nr. 38; «Vom Menschenrätsel» (1916), GA Bibl.-Nr. 20; «Methodische Grundlagen der Anthroposophie», GA Bibl.-Nr. 30.

17 *Karl Weinhold,* 1823–1901, Germanist. «Weihnachtsspiele und Volkslieder aus Süddeutschland und Schlesien», 1853.

19 *Heliand:* Altsächsische Evangelienharmonie in Stabreimen, um 830 entstanden. Vgl. Rudolf Steiner, «Der Baldur-Mythos und das Karfreitags-Mysterium», 2 Vorträge, Dornach, 2. und 3. April 1915, enthalten in «Wege der geistigen Erkenntnis und der Erneuerung künstlerischer Weltanschauung», GA Bibl.-Nr. 161.

20 *Ernst Haeckel,* 1834–1919. «Ewigkeit. Weltkriegsgedanken über Leben und Tod, Religion und Entwicklungslehre», Berlin 1915.

25 *über Johann Gottlieb Fichte:* «Fichtes Geist mitten unter uns», Berlin, 16. Dezember 1915, in «Aus dem mitteleuropäischen Geistesleben», GA Bibl.-Nr. 65. Sonderdruck Dornach 1962.

27 *einer hat es mit schönen Worten ausgesprochen:* Siehe Fichtes Werke, herausgegeben von I. H. Fichte, Berlin 1845–46, 8. Band, Seite 461 ff.; 2 Sonette.

ÜBER DIE VORTRAGSNACHSCHRIFTEN

Aus Rudolf Steiners Autobiographie «Mein Lebensgang» (35. Kap., 1925)

Es liegen nun aus meinem anthroposophischen Wirken zwei Ergebnisse vor; erstens meine vor aller Welt veröffentlichten Bücher, zweitens eine große Reihe von Kursen, die zunächst als Privatdruck gedacht und verkäuflich nur an Mitglieder der Theosophischen (später Anthroposophischen) Gesellschaft sein sollten. Es waren dies Nachschriften, die bei den Vorträgen mehr oder weniger gut gemacht worden sind und die – wegen mangelnder Zeit – nicht von mir korrigiert werden konnten. Mir wäre es am liebsten gewesen, wenn mündlich gesprochenes Wort mündlich gesprochenes Wort geblieben wäre. Aber die Mitglieder wollten den Privatdruck der Kurse. Und so kam er zustande. Hätte ich Zeit gehabt, die Dinge zu korrigieren, so hätte vom Anfange an die Einschränkung «Nur für Mitglieder» nicht zu bestehen gebraucht. Jetzt ist sie seit mehr als einem Jahre ja fallen gelassen.

Hier in meinem «Lebensgang» ist notwendig, vor allem zu sagen, wie sich die beiden: meine veröffentlichten Bücher und diese Privatdrucke in das einfügen, was ich als Anthroposophie ausarbeitete.

Wer mein eigenes inneres Ringen und Arbeiten für das Hinstellen der Anthroposophie vor das Bewußtsein der gegenwärtigen Zeit verfolgen will, der muß das an Hand der allgemein veröffentlichten Schriften tun. In ihnen setzte ich mich auch mit alle dem auseinander, was an Erkenntnisstreben in der Zeit vorhanden ist. Da ist gegeben, was sich mir in «geistigem Schauen» immer mehr gestaltete, was zum Gebäude der Anthroposophie – allerdings in vieler Hinsicht in unvollkommener Art – wurde.

Neben diese Forderung, die «Anthroposophie» aufzubauen und dabei nur dem zu dienen, was sich ergab, wenn man Mitteilungen aus der Geist-Welt der allgemeinen Bildungswelt von heute zu übergeben hat, trat nun aber die andere, auch dem voll entgegenzukommen, was aus der Mitgliedschaft heraus als Seelenbedürfnis, als Geistessehnsucht sich offenbarte.

Da war vor allem eine starke Neigung vorhanden, die Evangelien und den Schrift-Inhalt der Bibel überhaupt in dem Lichte dargestellt zu hören, das sich als das anthroposophische ergeben hatte. Man wollte in Kursen über diese der Menschheit gegebenen Offenbarungen hören.

Indem interne Vortragskurse im Sinne dieser Forderung gehalten wurden, kam dazu noch ein anderes. Bei diesen Vorträgen waren nur Mitglieder. Sie waren mit den Anfangs-Mitteilungen aus Anthroposophie bekannt. Man konnte zu ihnen eben so sprechen, wie zu Vorgeschrittenen auf dem Gebiete der Anthroposophie. Die Haltung dieser internen Vorträge war eine solche, wie sie eben in Schriften nicht sein konnte, die ganz für die Öffentlichkeit bestimmt waren.

Ich durfte in internen Kreisen in einer Art über Dinge sprechen, die ich für die öffentliche Darstellung, wenn sie für sie von Anfang an bestimmt gewesen wären, hätte anders gestalten *müssen.*

So liegt in der Zweiheit, den öffentlichen und den privaten Schriften, in der Tat etwas vor, das aus zwei verschiedenen Untergründen stammt. Die ganz öffentlichen Schriften sind das Ergebnis dessen, was in mir rang und arbeitete; in den Privatdrucken ringt und arbeitet die Gesellschaft mit. Ich höre auf die Schwingungen im Seelenleben der Mitgliedschaft, und in meinem lebendigen Drinnenleben in dem, was ich da höre, entsteht die Haltung der Vorträge.

Es ist nirgends auch nur in geringstem Maße etwas gesagt, was nicht reinstes Ergebnis der sich aufbauenden Anthroposophie wäre. Von irgend einer Konzession an Vorurteile oder Vorempfindungen der Mitgliedschaft kann nicht die Rede sein. Wer diese Privatdrucke liest, kann sie im vollsten Sinne eben als das nehmen, was Anthroposophie zu sagen hat. Deshalb konnte ja auch ohne Bedenken, als die Anklagen nach dieser Richtung zu drängend wurden, von der Einrichtung abgegangen werden, diese Drucke nur im Kreise der Mitgliedschaft zu verbreiten. Es wird eben nur hingenommen werden müssen, daß in den von mir nicht nachgesehenen Vorlagen sich Fehlerhaftes findet.

Ein Urteil über den Inhalt eines solchen Privatdruckes wird ja allerdings nur demjenigen zugestanden werden können, der kennt, was als Urteils-Voraussetzung angenommen wird. Und das ist für die allermeisten dieser Drucke *mindestens* die anthroposophische Erkenntnis des Menschen, des Kosmos, insofern sein Wesen in der Anthroposophie dargestellt wird, und dessen, was als «anthroposophische Geschichte» in den Mitteilungen aus der Geist-Welt sich findet.

RUDOLF STEINER GESAMTAUSGABE

Gliederung nach: Rudolf Steiner – Das literarische
und künstlerische Werk. Eine bibliographische Übersicht
(Bibliographie-Nrn. *kursiv* in Klammern)

A. SCHRIFTEN

I. Werke

Goethes Naturwissenschaftliche Schriften, eingeleitet und kommentiert von R. Steiner, 5 Bände, 1883/97, Neuausgabe 1975, *(1a-e);* separate Ausgabe der Einleitungen, 1925 *(1)*

Grundlinien einer Erkenntnistheorie der Goetheschen Weltanschauung, 1886 *(2)*

Wahrheit und Wissenschaft. Vorspiel einer ‹Philosophie der Freiheit›, 1892 *(3)*

Die Philosophie der Freiheit. Grundzüge einer modernen Weltanschauung, 1894 *(4)*

Friedrich Nietzsche, ein Kämpfer gegen seine Zeit, 1895 *(5)*

Goethes Weltanschauung, 1897 *(6)*

Die Mystik im Aufgange des neuzeitlichen Geisteslebens und ihr Verhältnis zur modernen Weltanschauung, 1901 *(7)*

Das Christentum als mystische Tatsache und die Mysterien des Altertums, 1902 *(8)*

Theosophie. Einführung in übersinnliche Welterkenntnis und Menschenbestimmung, 1904 *(9)*

Wie erlangt man Erkenntnisse der höheren Welten? 1904/05 *(10)*

Aus der Akasha-Chronik, 1904/08 *(11)*

Die Stufen der höheren Erkenntnis, 1905/08 *(12)*

Die Geheimwissenschaft im Umriß, 1910 *(13)*

Vier Mysteriendramen: Die Pforte der Einweihung – Die Prüfung der Seele Der Hüter der Schwelle – Der Seelen Erwachen, 1910/13 *(14)*

Die geistige Führung des Menschen und der Menschheit, 1911 *(15)*

Anthroposophischer Seelenkalender, 1912 *(in 40)*

Ein Weg zur Selbsterkenntnis des Menschen, 1912 *(16)*

Die Schwelle der geistigen Welt, 1913 *(17)*

Die Rätsel der Philosophie in ihrer Geschichte als Umriß dargestellt, 1914 *(18)*

Vom Menschenrätsel, 1916 *(20)*

Von Seelenrätseln, 1917 *(21)*

Goethes Geistesart in ihrer Offenbarung durch seinen Faust und durch das Märchen von der Schlange und der Lilie, 1918 *(22)*

Die Kernpunkte der sozialen Frage in den Lebensnotwendigkeiten der Gegenwart und Zukunft, 1919 *(23)*

Aufsätze über die Dreigliederung des sozialen Organismus und zur Zeitlage 1915-1921 *(24)*

Kosmologie, Religion und Philosophie, 1922 *(25)*

Anthroposophische Leitsätze, 1924/25 *(26)*

Grundlegendes für eine Erweiterung der Heilkunst nach geisteswissenschaftlichen Erkenntnissen, 1925. Von Dr. R. Steiner und Dr. I. Wegman *(27)*

Mein Lebensgang, 1923/25 *(28)*

II. Gesammelte Aufsätze

Aufsätze zur Dramaturgie 1889-1901 *(29)* – Methodische Grundlagen der Anthroposophie 1884-1901 *(30)* – Aufsätze zur Kultur- und Zeitgeschichte 1887-1901 *(31)* – Aufsätze zur Literatur 1886-1902 *(32)* – Biographien und biographische Skizzen 1894-1905 *(33)* – Aufsätze aus «Lucifer-Gnosis» 1903-1908 *(34)* – Philosophie und Anthroposophie 1904-1918 *(35)* – Aufsätze aus «Das Goetheanum» 1921-1925 *(36)*

III. Veröffentlichungen aus dem Nachlaß

Briefe – Wahrspruchworte – Bühnenbearbeitungen – Entwürfe zu den Vier Mysteriendramen 1910-1913 – Anthroposophie. Ein Fragment aus dem Jahre 1910 – Gesammelte Skizzen und Fragmente – Aus Notizbüchern und -blättern – *(38-47)*

B. DAS VORTRAGSWERK

I. Öffentliche Vorträge

Die Berliner öffentlichen Vortragsreihen, 1903/04 bis 1917/18 *(51-67)* – Öffentliche Vorträge, Vortragsreihen und Hochschulkurse an anderen Orten Europas 1906-1924 *(68-84)*

II. Vorträge vor Mitgliedern der Anthroposophischen Gesellschaft

Vorträge und Vortragszyklen allgemein-anthroposophischen Inhalts – Christologie und Evangelien-Betrachtungen – Geisteswissenschaftliche Menschenkunde – Kosmische und menschliche Geschichte – Die geistigen Hintergründe der sozialen Frage – Der Mensch in seinem Zusammenhang mit dem Kosmos – Karma-Betrachtungen – *(91-244)*
Vorträge und Schriften zur Geschichte der anthroposophischen Bewegung und der Anthroposophischen Gesellschaft *(251-263)*

III. Vorträge und Kurse zu einzelnen Lebensgebieten

Vorträge über Kunst: Allgemein-Künstlerisches – Eurythmie – Sprachgestaltung und Dramatische Kunst – Musik – Bildende Künste – Kunstgeschichte – *(271-292)* – Vorträge über Erziehung *(293-311)* – Vorträge über Medizin *(312-319)* – Vorträge über Naturwissenschaft *(320-327)* – Vorträge über das soziale Leben und die Dreigliederung des sozialen Organismus *(328-341)* – Vorträge für die Arbeiter am Goetheanumbau *(347-354)*

C. DAS KÜNSTLERISCHE WERK

Originalgetreue Wiedergaben von malerischen und graphischen Entwürfen und Skizzen Rudolf Steiners in Kunstmappen oder als Einzelblätter: Entwürfe für die Malerei des Ersten Goetheanum – Schulungsskizzen für Maler – Programmbilder für Eurythmie-Aufführungen – Eurythmieformen – Entwürfe zu den Eurythmiefiguren, u.a.

Die Bände der Rudolf Steiner Gesamtausgabe
sind innerhalb einzelner Gruppen einheitlich ausgestattet
Jeder Band ist einzeln erhältlich.